lingoXpress

WILLKOMMEN

Dieses Buch wurde mit dem Anfänger im Blick entwickelt und bietet eine solide Grundlage in wesentlichem Wortschatz und wichtigen Redewendungen, um Ihnen zu helfen, alltägliche Situationen in einer neuen Sprache selbstbewusst zu meistern.

Sprache ist mehr als nur ein Kommunikationsmittel; sie ist ein Tor zum Verständnis anderer Kulturen, zur Verbindung mit Menschen und zur Erweiterung Ihres Horizonts. Egal, ob Sie sich auf eine Reise vorbereiten, Ihre beruflichen Fähigkeiten erweitern oder einfach ein persönliches Interesse verfolgen, das Erlernen einer neuen Sprache kann eine unglaublich lohnende Erfahrung sein.

Bei der Erstellung dieses Buches haben wir uns auf drei Kernprinzipien konzentriert: Einfachheit, Praktikabilität und Zugänglichkeit. Die 50 thematischen Kapitel sind so gestaltet, dass sie eine breite Palette gängiger Szenarien abdecken, von Begrüßungen und Vorstellungen bis hin zu Einkaufen und Essen, und stellen sicher, dass Sie die benötigten Wörter und Redewendungen stets griffbereit haben.

Eine der einzigartigen Eigenschaften dieses Buches ist die Integration von Online-Audio-Ausspracheunterstützung.

Wir wissen, dass korrekte Aussprache der Schlüssel zu effektiver Kommunikation ist, weshalb wir hochwertige Audioaufnahmen für jedes Wort und jede Phrase beigefügt haben. Das Hören von Muttersprachlern wird Ihnen helfen, einen authentischen Akzent zu entwickeln und Ihr Selbstvertrauen beim Sprechen zu stärken.

Das Erlernen einer neuen Sprache kann anfangs entmutigend erscheinen, aber mit diesem Buch werden Sie feststellen, dass es eine überschaubare und erfreuliche Reise ist. Das klare, benutzerfreundliche Layout ermöglicht es Ihnen, in Ihrem eigenen Tempo zu lernen, was den Prozess sowohl effektiv als auch angenehm macht.

Vielen Dank, dass Sie dieses Buch als Ihren Sprachlern-Begleiter gewählt haben. Wir hoffen, dass es Sie dazu inspiriert, neue Möglichkeiten zu erkunden und sich auf eine Weise mit der Welt zu verbinden, die Sie nie für möglich gehalten hätten.

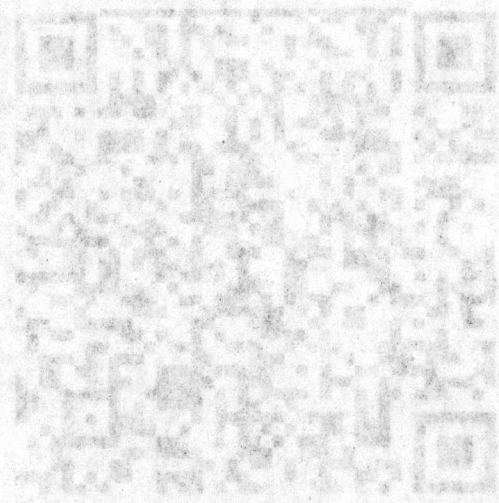

VERWENDEN SIE DIESEN QR-CODE, UM AUF DIE ONLINE-AUDIORESSOURCEN ZUZUGREIFEN:

INDEX

PËRSHËNDETJE

GRÜSSE

HALLO	**PËRSHËNDETJE**
Hallo, wie geht es Ihnen?	Përshëndetje, si jeni?
GUTEN MORGEN	**MIRËMËNGJES**
Guten Morgen, hast du gut geschlafen?	Mirëmëngjes, a flejtët mirë?

GRÜSSE

GUTEN TAG

Guten Tag, wie war dein Tag?

MIRËDITA

Mirëdita, si kaluat ditën?

GUTEN ABEND

Guten Abend, lass uns einen Film schauen.

MIRËMBRËMA

Mirëmbrëma, le të shikojmë një film.

AUF WIEDERSEHEN

Auf Wiedersehen, bis morgen.

MIRUPAFSHIM

Mirupafshim, shihemi nesër.

BITTE

Bitte reich mir das Salz.

JU LUTEM

Ju lutem më kaloni kripën.

PËRSHËNDETJE

DANKE

Danke für deine Hilfe.

FALEMINDERIT

Faleminderit për ndihmën tuaj.

JA

Ja, ich hätte gerne Kaffee.

PO

Po, do të doja pak kafe.

NEIN

Nein, ich möchte keinen.

JO

Jo, nuk dua asgjë.

ENTSCHULDIGUNG

Entschuldigung, wo ist das Badezimmer?

MË FALNI

Më falni, ku është tualeti?

FRAZAT E PËRBASHKËTA

HÄUFIGE AUSDRÜCKE

WIE VIEL KOSTET ES?	**SA KUSHTON?**
Wie viel kostet dieses Buch?	Sa kushton ky libër?
WO IST DIE TOILETTE?	**KU ËSHTË BANJO?**
Entschuldigen Sie, wo ist die Toilette?	Më falni, ku është banjo?

HÄUFIGE AUSDRÜCKE

ICH VERSTEHE NICHT

Ich verstehe diese Lektion nicht.

NUK KUPTOJ

Nuk e kuptoj këtë mësim.

KÖNNEN SIE MIR HELFEN?

Können Sie mir bei meinen Hausaufgaben helfen?

A MUND TË MË NDIHMONI?

A mund të më ndihmoni me detyrat e shtëpisë?

ES TUT MIR LEID

Es tut mir leid, dass ich zu spät bin.

MË FAL

Më fal për vonesën.

WIE SPÄT IST ES?

Wissen Sie, wie spät es ist?

SA ËSHTË ORA?

A e dini sa është ora?

FRAZAT E PËRBASHKËTA

ICH BIN VERLOREN

Ich bin verloren, können Sie mir helfen?

JAM I HUMBUR

Jam i humbur, a mund të më ndihmoni?

ICH LIEBE DICH

Ich liebe dich sehr.

TË DUA

Të dua shumë.

ICH HABE HUNGER

Ich habe Hunger, lass uns etwas essen.

JAM I URITUR

Jam i uritur, le të hamë diçka.

ICH HABE DURST

Ich habe Durst, kann ich etwas Wasser haben?

KAM ETJE

Kam etje, a mund të kem pak ujë?

NUMRAT

ZAHLEN

EINS	**NJË**
Einen Apfel, bitte.	Një mollë, ju lutem.
ZWEI	**DY**
Ich habe zwei Katzen.	Unë kam dy mace.

ZAHLEN

DREI

Es gibt drei Bücher auf dem Tisch.

TRE

Ka tre libra mbi tryezë.

VIER

Wir brauchen vier Stühle.

KATËR

Na duhen katër karrige.

FÜNF

Sie hat fünf Bleistifte.

PESË

Ajo ka pesë lapsa.

SECHS

Die Uhr zeigt sechs Uhr.

GJASHTË

Ora tregon gjashtë.

NUMRAT

SIEBEN Es gibt sieben Tage in der Woche.	**SHTATË** Ka shtatë ditë në një javë.
ACHT Der Kuchen ist in acht Stücke geschnitten.	**TETË** Torta është prerë në tetë copa.
NEUN Es gibt neun Schüler in der Klasse.	**NËNTË** Ka nëntë studentë në klasë.
ZEHN Ich kann bis zehn zählen.	**DHJETË** Unë mund të numëroj deri në dhjetë.

DITËT E JAVËS

WOCHENTAGE

MONTAG	**E HËNË**
Ich habe am Montag ein Treffen.	Kam një takim të hënën.
DIENSTAG	**E MARTË**
Sie geht am Dienstag ins Fitnessstudio.	Ajo shkon në palestër të martën.

WOCHENTAGE

MITTWOCH

Wir haben am Mittwoch Unterricht.

E MËRKURË

Ne kemi një klasë të mërkurën.

DONNERSTAG

Der Markt öffnet am Donnerstag.

E ENJTE

Tregu hapet të enjten.

FREITAG

Freitag ist mein Lieblingstag.

E PREMTE

E premtja është dita ime e preferuar.

SAMSTAG

Sie besuchen ihre Großeltern am Samstag.

E SHTUNË

Ata vizitojnë gjyshërit e tyre të shtunën.

DITËT E JAVËS

SONNTAG

Wir ruhen uns am Sonntag
aus.

E DIELË

Ne pushojmë të dielën.

WOCHENENDE

Was sind deine Pläne für
das Wochenende?

FUNDJAVË

Cilat janë planet tuaja për
fundjavën?

WOCHENTAG

Ein Wochentag ist jeder Tag
außer dem Wochenende.

DITË PUNE

Një ditë pune është çdo
ditë përveç fundjavës.

FEIERTAG

Weihnachten ist ein
Feiertag.

FESTË

Krishtlindja është një festë.

MUAJT E VITIT

MONATE DES JAHRES

JANUAR

Mein Geburtstag ist im Januar.

JANAR

Ditëlindja ime është në Janar.

FEBRUAR

Valentinstag ist im Februar.

SHKURT

Dita e Shën Valentinit është në Shkurt.

MONATE DES JAHRES

MÄRZ

Der Frühling beginnt im März.

MARS

Pranvera fillon në Mars.

APRIL

Der April ist ein regnerischer Monat.

PRILL

Prilli është një muaj me shi.

MAI

Der Muttertag ist im Mai.

MAJ

Dita e Nënës është në Maj.

JUNI

Die Schule endet im Juni.

QERSHOR

Shkolla mbaron në Qershor.

MUAJT E VITIT

JULI Der Unabhängigkeitstag ist im Juli.	**KORRIK** Dita e Pavarësisë është në Korrik.
AUGUST Wir fahren im August in den Urlaub.	**GUSHT** Ne shkojmë me pushime në Gusht.
SEPTEMBER Die Schule beginnt im September.	**SHTATOR** Shkolla fillon në Shtator.
OKTOBER Halloween ist im Oktober.	**TETOR** Halloween është në Tetor.

NGJYRAT

FARBEN

ROT	**E KUQE**
Der Apfel ist rot.	Molla është e kuqe.
BLAU	**BLU**
Der Himmel ist blau.	Qielli është blu.

FARBEN

GRÜN

Das Gras ist grün.

E GJELBËR

Bari është i gjelbër.

GELB

Die Sonne ist gelb.

E VERDHË

Dielli është i verdhë.

SCHWARZ

Die Nacht ist schwarz.

E ZEZË

Nata është e zezë.

WEISS

Der Schnee ist weiß.

E BARDHË

Bora është e bardhë.

NGJYRAT

GRAU Der Himmel ist heute grau.	**GRI** Qielli është gri sot.
BRAUN Der Boden ist braun.	**KAFE** Toka është kafe.
ROSA Die Blume ist rosa.	**ROZË** Lulja është rozë.
LILA Die Trauben sind lila.	**E PURPURT** Rrushtë janë të purpurta.

ANËTARËT E FAMILJES

FAMILIENMITGLIEDER

MUTTER	**NËNA**
Meine Mutter ist Lehrerin.	Nëna ime është mësuese.
VATER	**BABA**
Mein Vater arbeitet bei einer Bank.	Babai im punon në një bankë.

FAMILIENMITGLIEDER

BRUDER

Mein Bruder ist jünger als ich.

VËLLAI

Vëllai im është më i ri se unë.

SCHWESTER

Meine Schwester ist älter als ich.

MOTRA

Motra ime është më e madhe se unë.

GROSSVATER

Mein Großvater ist im Ruhestand.

GJYSHI

Gjyshi im është në pension.

GROSSMUTTER

Meine Großmutter erzählt tolle Geschichten.

GJYSHJA

Gjyshja ime tregon histori të shkëlqyera.

ANËTARËT E FAMILJES

ONKEL

Mein Onkel lebt in der Stadt.

DAJA

Daja im jeton në qytet.

TANTE

Meine Tante ist Ärztin.

HALLA

Halla ime është mjeke.

COUSIN/COUSINE

Mein Cousin / Meine Cousine besucht uns.

KUSHËRIRI

Kushëriri im po na viziton.

NEFFE

Mein Neffe lernt lesen.

NIPI

Nipi im po mëson të lexojë.

USHQIME DHE PIJE

ESSEN UND TRINKEN

BROT Ich esse gerne Brot.	**BUKË** Më pëlqen të ha bukë.
WASSER Ich trinke viel Wasser.	**UJË** Pij shumë ujë.

ESSEN UND TRINKEN

MILCH

Ich trinke jeden Morgen Milch.

QUMËSHT

Unë pij qumësht çdo mëngjes.

SAFT

Er trinkt Orangensaft.

LËNG

Ai pi lëng portokalli.

KAFFEE

Ich trinke morgens Kaffee.

KAFE

Unë pij kafe në mëngjes.

TEE

Sie trinkt gerne Tee.

ÇAJ

Asaj i pëlqen të pijë çaj.

USHQIME DHE PIJE

WEIN

Er mag Rotwein.

VERË

Atij i pëlqen vera e kuqe.

BIER

Er trinkt Bier mit Freunden.

BIRRË

Ai pi birrë me miqtë.

LIMONADE

Ich trinke gerne Limonade.

SODË

Më pëlqen të pij sodë.

WEIN

Sie genießen ein Glas Wein.

VERË

Ata kënaqen me një gotë verë.

RROBA

KLEIDUNG

HEMD Ich habe ein neues Hemd gekauft.	**KËMISHË** Bleva një këmishë të re.
HOSE Er trägt blaue Hosen.	**PANTALLONA** Ai po vesh pantallona blu.

KLEIDUNG

KLEID	FUSTAN
Sie hat ein rotes Kleid gekauft.	Ajo bleu një fustan të kuq.
SCHUHE	**KËPUCË**
Ich brauche neue Schuhe.	Më duhen këpucë të reja.
HUT	**KAPELË**
Er trägt einen Hut.	Ai mban një kapelë.
ROCK	**FUND**
Sie trägt einen Rock.	Ajo po vesh një fund.

RROBA

MANTEL

Ich trage im Winter einen Mantel.

PALLTO

Vesh një pallto në dimër.

JACKE

Sie hat eine neue Jacke gekauft.

XHAKETË

Ajo bleu një xhaketë të re.

T-SHIRT

Er trägt ein T-Shirt.

BLUZË

Ai po vesh një bluzë.

PULLOVER

Sie hat einen Pullover gestrickt.

TRIKO

Ajo ka thurur një triko.

SHTËPIA DHE SHTËPI

HAUS UND HEIM

HAUS	SHTËPI
Das Haus ist groß.	Shtëpia është e madhe.

ZIMMER	DHOMA
Mein Zimmer ist im zweiten Stock.	Dhoma ime është në katin e dytë.

HAUS UND HEIM

KÜCHE

Die Küche ist sauber.

KUZHINA

Kuzhina është e pastër.

BADEZIMMER

Das Badezimmer ist oben.

BANJA

Banjo është lart.

WOHNZIMMER

Das Wohnzimmer ist geräumig.

DHOMA E NDENJES

Dhoma e ndenjes është e gjerë.

SCHLAFZIMMER

Das Schlafzimmer ist gemütlich.

DHOMA E GJUMI

Dhoma e gjumit është e rehatshme.

SHTËPIA DHE SHTËPI

GARTEN

Der Garten ist schön.

KOPSHTI

Kopshti është i bukur.

GARAGE

Das Auto ist in der Garage.

GARAZHA

Makina është në garazh.

BALKON

Wir frühstücken auf dem Balkon.

BALLKONI

Ne hamë mëngjes në ballkon.

DACH

Das Dach muss repariert werden.

ÇATIA

Çatia ka nevojë për riparim.

SHKOLLA

SCHULE

LEHRER Der Lehrer erklärt die Lektion.	**MËSUES** Mësuesi po shpjegon mësimin.
SCHÜLER Der Schüler lernt fleißig.	**STUDENT** Studenti po studion fort.

SCHULE

KLASSENZIMMER

Das Klassenzimmer ist voller Schüler.

KLASË

Klasa është plot me studentë.

HAUSAUFGABEN

Ich habe viele Hausaufgaben.

DETYRË SHTËPIE

Kam shumë detyra shtëpie.

PRÜFUNG

Die Prüfung war sehr schwierig.

PROVIM

Prova ishte shumë e vështirë.

BIBLIOTHEK

Ich lerne in der Bibliothek.

BIBLIOTEKË

Studioj në bibliotekë.

SHKOLLA

BUCH

Ich lese ein Buch.

LIBËR

Po lexoj një libër.

SCHREIBTISCH

Mein Schreibtisch ist ordentlich.

TAVOLINË

Tavolina ime është e rregullt.

STIFT

Ich brauche einen Stift zum Schreiben.

STILOLAPS

Më duhet një stilolaps për të shkruar.

NOTIZBUCH

Ich schreibe in mein Notizbuch.

FLETORE

Shkruaj në fletoren time.

PUNA DHE PROFESIONE

BERUFE UND PROFESSIONEN

ARZT	MJEK
Der Arzt ist sehr freundlich.	Mjeku është shumë i sjellshëm.

INGENIEUR	INXHINIER
Der Ingenieur entwarf die Brücke.	Inxhinieri projektoi urën.

BERUFE UND PROFESSIONEN

KRANKENPFLEGER

Der Krankenpfleger ist sehr fürsorglich.

INFERMIERE

Infermierja është shumë kujdesshme.

LEHRER

Der Lehrer ist sehr streng.

MËSUES

Mësuesi është shumë i rreptë.

POLIZIST

Der Polizist half uns.

OFICER POLICIE

Oficeri i policisë na ndihmoi.

FEUERWEHRMANN

Der Feuerwehrmann rettete die Katze.

ZJARRFIKËS

Zjarrfikësi shpëtoi macen.

PUNA DHE PROFESIONE

KOCH

Der Koch bereitete ein köstliches Essen zu.

SHEF KUZHINE

Shefi i kuzhinës përgatiti një vakt të shijshëm.

KÜNSTLER

Der Künstler malte ein schönes Bild.

ARTIST

Artisti pikturoi një pikturë të bukur.

ANWALT

Der Anwalt gab uns Ratschläge.

AVOKAT

Avokati na dha këshilla.

ZAHNARZT

Der Zahnarzt reinigte meine Zähne.

DENTIST

Dentisti pastroi dhëmbët e mi.

TRANSPORTI

TRANSPORT

AUTO	MAKINA
Ich habe ein neues Auto gekauft.	Bleva një makinë të re.

BUS	AUTOBUS
Ich nehme den Bus zur Arbeit.	Unë marr autobusin për të shkuar në punë.

TRANSPORT

FAHRRAD

Ich fahre jeden Tag mit dem Fahrrad.

BIÇIKLETË

Unë ngas biçikletën time çdo ditë.

ZUG

Der Zug hat Verspätung.

TREN

Treni është me vonesë.

FLUGZEUG

Das Flugzeug hebt ab.

AEROPLAN

Aeroplani është duke u ngritur.

BOOT

Das Boot segelt.

VARKË

Varka është duke lundruar.

TRANSPORTI

LKW	**KAMION**
Der LKW transportiert Waren.	Kamioni po transporton mallra.
MOTORRAD	**MOTORR**
Das Motorrad ist schnell.	Motori është i shpejtë.
U-BAHN	**METRO**
Die U-Bahn ist überfüllt.	Metroja është e mbushur plot.
HUBSCHRAUBER	**HELIKOPTER**
Der Hubschrauber fliegt niedrig.	Helikopteri po fluturon ulët.

UDHËTIM

REISE

TRANSPORTI

FLUGHAFEN	AEROPORT
Der Flughafen ist sehr beschäftigt.	Aeroporti është shumë i zënë.
HOTEL	**HOTEL**
Wir bleiben in einem schönen Hotel.	Ne po qëndrojmë në një hotel të këndshëm.

REISE

REISEPASS

Hast du deinen Reisepass?

PASAPORTË

A ke pasaportën tënde?

TICKET

Ich habe ein Ticket nach Paris gekauft.

BILETË

Bleva një biletë për në Paris.

TOURIST

Der Tourist macht Fotos.

TURIST

Turisti po bën foto.

GEPÄCK

Ich muss mein Gepäck packen.

BAGAZH

Më duhet të paketoj bagazhet e mia.

UDHËTIM

KARTE

Hast du eine Karte?

HARTË

Ke një hartë?

FÜHRER

Der Führer zeigte uns herum.

UDHËRRËFYES

Udhërrëfyesi na tregoi përreth.

VISUM

Ich brauche ein Visum zum Reisen.

VIZË

Më duhet një vizë për të udhëtuar.

KOFFER

Mein Koffer ist schwer.

VALIXHE

Valixhja ime është e rëndë.

MOTI

WETTER

SONNIG	**ME DIELL**
Heute ist ein sonniger Tag.	Sot është një ditë me diell.
REGNERISCH	**ME SHI**
Es ist ein regnerischer Nachmittag.	Është një pasdite me shi.

WETTER

WINDIG Es ist ein windiger Tag.	**ME ERË** Është një ditë me erë.
SCHNEEBEDECKT Es ist ein verschneiter Morgen.	**ME BORË** Është një mëngjes me borë.
BEWÖLKT Es ist ein bewölkter Abend.	**ME RE** Është një mbrëmje me re.
STÜRMISCH Es ist eine stürmische Nacht.	**ME STUHI** Është një natë me stuhi.

MOTI

NEBELIG	**ME MJEGULL**
Es ist ein nebliger Morgen.	Është një mëngjes me mjegull.
FEUCHT	**ME LAGËSHTI**
Es ist ein feuchter Tag.	Është një ditë me lagështi.
GEFRIEREND	**NGRIRË**
Es friert draußen.	Jashtë është ngrirë.
HEIß	**NXEHTË**
Es ist ein heißer Tag.	Është një ditë nxehtë.

SHËNDETI DHE TRUPI

GESUNDHEIT UND KÖRPER

ARZT Der Arzt ist sehr freundlich.	**DOKTOR** Doktori është shumë i sjellshëm.
KRANKENSCHWESTER Die Krankenschwester ist sehr fürsorglich.	**INFERMIERE** Infermierja është shumë e kujdesshme.

GESUNDHEIT UND KÖRPER

KRANKENHAUS

Das Krankenhaus ist sauber.

SPITAL

Spitali është i pastër.

MEDIZIN

Ich muss meine Medizin nehmen.

ILAÇ

Më duhet të marr ilaçin tim.

APOTHEKE

Ich muss in die Apotheke gehen.

FARMACI

Më duhet të shkoj në farmaci.

ZAHNARZT

Ich habe einen Termin beim Zahnarzt.

DENTIST

Kam një takim me dentistin.

SHËNDETI DHE TRUPI

THERAPEUT

Der Therapeut ist sehr hilfreich.

TERAPEUT

Terapeuti është shumë ndihmues.

CHIRURG

Der Chirurg hat eine erfolgreiche Operation durchgeführt.

KIRURG

Kirurgu bëri një operacion të suksesshëm.

PATIENT

Der Patient erholt sich.

PACIENT

Pacienti po rikuperohet.

KLINIK

Die Klinik ist 24 Stunden geöffnet.

KLINIKË

Klinika është e hapur 24 orë.

EMOCIONE

EMOTIONEN

GLÜCKLICH	**I LUMTUR**
Sie fühlt sich heute sehr glücklich.	Ajo ndihet shumë e lumtur sot.
TRAURIG	**I TRISHTUAR**
Er sieht traurig aus.	Ai duket i trishtuar.

EMOTIONEN

WÜTEND

Sie ist wütend auf ihre Freundin.

I ZEMËRUAR

Ajo është e zemëruar me shoqen e saj.

AUFGEREGT

Die Kinder sind aufgeregt.

I EMOCIONUAR

Fëmijët janë të emocionuar.

VERÄNGSTIGT

Sie hat Angst vor der Dunkelheit.

I FRIKËSUAR

Ajo ka frikë nga errësira.

ÜBERRASCHT

Er war von den Nachrichten überrascht.

I SURPRIZUAR

Ai ishte i surprizuar nga lajmet.

EMOCIONE

GELANGWEILT

Sie fühlt sich zu Hause gelangweilt.

I MËRZITUR

Ajo ndihet e mërzitur në shtëpi.

RUHIG

Er ist sehr ruhig unter Druck.

I QETË

Ai është shumë i qetë nën presion.

NERVÖS

Sie ist nervös wegen der Prüfung.

I NERVOZUAR

Ajo është nervoze për provimin.

VERWIRRT

Er ist über die Anweisungen verwirrt.

I HUTUAR

Ai është i hutuar për udhëzimet.

NATYRA

NATUR

BAUM	**PEMË**
Der Baum ist sehr groß.	Pema është shumë e lartë.
BLUME	**LULE**
Die Blume ist schön.	Lulja është e bukur.

NATUR

FLUSS

Der Fluss ist breit.

LUMI

Lumi është i gjerë.

BERG

Der Berg ist hoch.

MAL

Mali është i lartë.

WALD

Der Wald ist dicht.

PYLL

Pylli është i dendur.

OZEAN

Der Ozean ist riesig.

OQEANI

Oqeani është i gjerë.

NATYRA

STRAND

Der Strand ist überfüllt.

PLAZH

Plazhi është i mbushur.

WÜSTE

Die Wüste ist heiß.

SHKRETËTIRË

Shkretëtira është e nxehtë.

SEE

Der See ist ruhig.

LIQEN

Liqeni është i qetë.

TAL

Das Tal ist schön.

LUGINË

Lugina është e bukur.

KAFSHËT

TIERE

HUND	**QENI**
Der Hund bellt.	Qeni po leh.
KATZE	**MACJA**
Die Katze schläft.	Macja po fle.

VOGEL

Der Vogel singt.

ZOGU

Zogu po këndon.

FISCH

Der Fisch schwimmt.

PESHKU

Peshku po noto.

PFERD

Das Pferd rennt.

KALI

Kali po vrapon.

KUH

Die Kuh weidet.

LOPA

Lopa po kullotë.

KAFSHËT

LÖWE

Der Löwe brüllt.

LUANI

Luani po ulërin.

ELEFANT

Der Elefant ist riesig.

ELEFANTI

Elefanti është i madh.

AFFE

Der Affe ist verspielt.

MAJMUNI

Majmuni është lojtar.

TIGER

Der Tiger ist wild.

TIGRI

Tigri është i egër.

HOBITË

HOBBYS

LESEN Ich lese gerne Bücher.	**LEXIMI** Më pëlqen të lexoj libra.
MALEN Sie liebt es zu malen.	**PIKTURIMI** Asaj i pëlqen të pikturojë.

HOBBYS

GARTENARBEIT

Ich verbringe meine Wochenenden mit Gartenarbeit.

KOPSHTARI

E kaloj fundjavën duke punuar në kopsht.

KOCHEN

Er kocht gerne.

GATIMI

Atij i pëlqen gatimi.

TANZEN

Sie tanzen gerne.

KËRCIMI

Atyre u pëlqen të kërcejnë.

RADFAHREN

Ich gehe jeden Morgen Radfahren.

ÇIKLIZMI

Unë shkoj me biçikletë çdo mëngjes.

HOBITË

SINGEN	**KËNDIMI**
Ich singe gerne.	Më pëlqen të këndoj.
SCHWIMMEN	**NOTI**
Sie liebt es zu schwimmen.	Asaj i pëlqen të notojë.
REISEN	**UDHËTIMI**
Ich reise gerne an neue Orte.	Më pëlqen të udhëtoj në vende të reja.
ANGELN	**PESHKIMI**
Er geht am Wochenende angeln.	Ai shkon për peshkim në fundjavë.

SPORTI

SPORT

FUSSBALL	**FUTBOLL**
Er spielt jedes Wochenende Fußball.	Ai luan futboll çdo fundjavë.
BASKETBALL	**BASKETBOLL**
Sie liebt es, Basketball zu spielen.	Ajo e adhuron të luajë basketboll.

SPORT

TENNIS

Sie spielen sonntags Tennis.

TENIS

Ata luajnë tenis të dielave.

SCHWIMMEN

Ich gehe jeden Morgen schwimmen.

NOT

Unë shkoj për not çdo mëngjes.

LAUFEN

Sie läuft gerne im Park.

VRAPIM

Ajo e shijon të vrapojë në park.

RADFAHREN

Er geht an den Wochenenden radfahren.

ÇIKLIZËM

Ai shkon për çiklizëm në fundjavë.

SPORTI

YOGA

Sie praktiziert jeden Tag Yoga.

YOGA

Ajo praktikon yoga çdo ditë.

TANZEN

Sie tanzen gerne.

KËRCIM

Ata e shijojnë të kërcyerit.

WANDERN

Wir gehen in den Bergen wandern.

EKSKURSION

Ne shkojmë për ekskursion në male.

GOLF

Er spielt Golf mit seinen Freunden.

GOLF

Ai luan golf me miqtë e tij.

TEKNOLOGJI

TECHNOLOGIE

COMPUTER	**KOMPJUTER**
Ich habe einen neuen Computer gekauft.	Bleva një kompjuter të ri.
INTERNET	**INTERNET**
Das Internet ist heute langsam.	Interneti është i ngadaltë sot.

TECHNOLOGIE

SMARTPHONE

Ich brauche ein neues Smartphone.

SMARTPHONE

Më duhet një smartphone i ri.

TABLET

Das Tablet ist sehr nützlich.

TABLETË

Tabletja është shumë e dobishme.

LAPTOP

Mein Laptop ist kaputt.

LAPTOP

Laptopi im është i prishur.

SOFTWARE

Ich muss neue Software installieren.

SOFTWARE

Më duhet të instaloj software të ri.

TEKNOLOGJI

APP

Diese App ist sehr hilfreich.

APP

Kjo app është shumë e dobishme.

GADGET

Dieses Gerät ist erstaunlich.

GADGET

Ky gadget është mahnitës.

DEVICE

Dieses Gerät ist einfach zu bedienen.

PAJISJE

Kjo pajisje është e lehtë për t'u përdorur.

CAMERA

Ich brauche eine neue Kamera.

KAMERË

Më duhet një kamerë e re.

BLERJE

EINKAUFEN

GESCHÄFT	DYQAN
Das Geschäft ist geöffnet.	Dyqani është i hapur.

MARKT	TREG
Ich kaufe Gemüse auf dem Markt.	Unë blej perime në treg.

EINKAUFEN

EINKAUFSZENTRUM

Das Einkaufszentrum ist
sehr überfüllt.

QENDËR TREGTARE

Qendra tregtare është
shumë e mbushur.

SUPERMARKT

Ich muss zum Supermarkt
gehen.

SUPERMARKET

Më duhet të shkoj në
supermarket.

BOUTIQUE

Ich habe ein schönes Kleid
in der Boutique gefunden.

BUTIK

Gjeta një fustan të bukur në
butik.

BÄCKEREI

Die Bäckerei verkauft
frisches Brot.

FURRË BUKE

Furra e bukës shet bukë të
freskët.

BLERJE

APOTHEKE

Ich muss Medizin aus der Apotheke kaufen.

FARMACI

Më duhet të blej ilaçe nga farmacia.

METZGER

Ich kaufe Fleisch beim Metzger.

MISHTHAR

Blej mish nga mishthari.

FLORIST

Ich habe Blumen beim Floristen gekauft.

LULESHITËS

Bleva lule nga luleshitësi.

LEBENSMITTELGESCHÄFT

Das Lebensmittelgeschäft ist 24/7 geöffnet.

DYQAN USHQIMOR

Dyqani ushqimor është i hapur 24/7.

DREJTIMET

RICHTUNGEN

LINKS	MAJTAS
Biegen Sie an der Ecke links ab.	Kthehu majtas në qoshe.

RECHTS	DJATHTAS
Biegen Sie nach der Bank rechts ab.	Kthehu djathtas pas bankës.

RICHTUNGEN

GERADEAUS

Gehen Sie geradeaus.

DREJT

Shko drejt përpara.

NORDEN

Die Bibliothek ist im Norden.

VERI

Biblioteka është në veri.

SÜDEN

Der Park ist im Süden.

JUG

Parku është në jug.

OSTEN

Die Schule ist im Osten.

LINDJE

Shkolla është në lindje.

DREJTIMET

WESTEN

Das Krankenhaus ist im Westen.

PERËNDIM

Spitali është në perëndim.

IN DER NÄHE

Die Bank ist in der Nähe der Post.

AFËR

Banka është afër postës.

WEIT

Das Kino ist weit von hier entfernt.

LARG

Kinemaja është larg nga këtu.

NEBEN

Das Restaurant ist neben dem Hotel.

PRANË

Restoranti është pranë hotelit.

KOHA

ZEIT

MORGEN	MËNGJES
Ich wache früh am Morgen auf.	Unë zgjohem herët në mëngjes.

NACHMITTAG	PASDITE
Ich arbeite am Nachmittag.	Unë punoj në pasdite.

ABEND

Wir essen zu Abend.

MBRËMJE

Ne hamë darkë në mbrëmje.

NACHT

Es ist sehr ruhig in der Nacht.

NATË

Është shumë qetë natën.

STUNDE

Das Meeting dauert eine Stunde.

ORË

Takimi zgjat një orë.

MINUTE

Warte eine Minute, bitte.

MINUTË

Prit një minutë, të lutem.

KOHA

SEKUNDE

Ich werde in einer Sekunde dort sein.

SEKONDË

Unë do të jem atje për një sekondë.

TAG

Es ist ein schöner Tag.

DITË

Është një ditë e bukur.

WOCHE

Ich werde dich nächste Woche sehen.

JAVË

Do të shihemi javën tjetër.

MONAT

Ich werde nächsten Monat verreisen.

MUAJ

Do të udhëtoj muajin tjetër.

FESTIME

FEIERN

WEIHNACHTEN Wir feiern Weihnachten im Dezember.	**KRISHTLINDJE** Ne festojmë Krishtlindjen në dhjetor.
GEBURTSTAG Ihr Geburtstag ist nächste Woche.	**DITËLINDJE** Ditëlindja e saj është javën e ardhshme.

OSTERN

Wir machen eine Ostereiersuche.

PASHKË

Ne kemi një gjuajtje vezësh të Pashkëve.

NEUJAHR

Wir feiern das Neujahr mit Feuerwerk.

VITI I RI

Ne festojmë Vitin e Ri me fishekzjarre.

HOCHZEIT

Die Hochzeit war wunderschön.

DASMË

Dasma ishte e bukur.

FESTIVAL

Das Festival findet jedes Jahr statt.

FESTIVAL

Festivali mbahet çdo vit.

FESTIME

JAHRESTAG

Heute ist ihr Hochzeitstag.

PËRVJETOR

Sot është përvjetori i tyre i martesës.

FEIERTAG

Heute ist ein Feiertag.

PUSHIM

Sot është një ditë pushimi publik.

PARTY

Die Party war sehr lustig.

FESTË

Festa ishte shumë argëtuese.

KARNEVAL

Der Karneval ist bunt und lebhaft.

KARNAVAL

Karnavali është shumëngjyrësh dhe i gjallë.

MUZIKË

MUSIK

LIED Ich mag dieses Lied.	**KËNGË** Më pëlqen kjo këngë.
MUSIK Sie hört jeden Tag Musik.	**MUZIKË** Ajo dëgjon muzikë çdo ditë.

MUSIK

BAND

Ich mag diese Band.

BANDA

Më pëlqen kjo bandë.

INSTRUMENT

Er spielt ein Musikinstrument.

INSTRUMENT

Ai luan një instrument muzikor.

KONZERT

Das Konzert war wunderbar.

KONCERT

Koncerti ishte i mrekullueshëm.

GITARRE

Er spielt die Gitarre.

KITARË

Ai luan kitarën.

MUZIKË

KLAVIER

Sie spielt wunderschön Klavier.

PIANO

Ajo luan në piano bukur.

GEIGE

Er lernt, die Geige zu spielen.

VIOLINË

Ai po mëson të luajë violinën.

SCHLAGZEUG

Er spielt Schlagzeug in einer Band.

DAULLE

Ai luan daullet në një bandë.

MIKROFON

Sie sang ins Mikrofon.

MIKROFON

Ajo këndoi në mikrofon.

FILMA DHE SHFAQJE TELEVIZIVE

FILME UND FERNSEHSENDUNGEN

FILM

Dieser Film ist sehr interessant.

FILM

Ky film është shumë interesant.

FERNSEHSENDUNG

Diese Fernsehsendung ist sehr beliebt.

SHFAQJE TELEVIZIVE

Kjo shfaqje televizive është shumë popullore.

FILME UND FERNSEHSENDUNGEN

SCHAUSPIELER

Der Schauspieler ist sehr talentiert.

AKTOR

Aktori është shumë i talentuar.

REGISSEUR

Der Regisseur hat einen großartigen Film gemacht.

REGJISOR

Regjisori bëri një film të shkëlqyer.

EPISODE

Ich habe die neueste Episode gesehen.

EPISODE

Unë pashë episodin e fundit.

SERIE

Diese Serie ist sehr beliebt.

SERI

Kjo seri është shumë popullore.

FILMA DHE SHFAQJE TELEVIZIVE

STAFFEL

Die neue Staffel beginnt bald.

SEZON

Sezoni i ri fillon së shpejti.

GENRE

Dieses Genre ist mein Favorit.

ZHANËR

Ky zhanër është i preferuari im.

DOKUMENTARFILM

Ich habe einen Dokumentarfilm gesehen.

DOKUMENTAR

Unë pashë një dokumentar.

KOMÖDIE

Ich schaue gerne Komödien.

KOMEDI

Më pëlqen të shikoj shfaqje komedi.

LIBRAT DHE LETËRSIA

BÜCHER UND LITERATUR

BUCH

Ich lese ein neues Buch.

LIBËR

Unë jam duke lexuar një libër të ri.

AUTOR

Der Autor ist sehr berühmt.

AUTOR

Autori është shumë i famshëm.

BÜCHER UND LITERATUR

GESCHICHTE

Die Geschichte ist fesselnd.

HISTORI

Historia është magjepsëse.

ROMAN

Ich lese einen Roman.

ROMAN

Unë jam duke lexuar një roman.

POESIE

Ich lese gerne Poesie.

POEZI

Më pëlqen të lexoj poezi.

KAPITEL

Ich habe das erste Kapitel beendet.

KAPITULLI

E përfundova kapitullin e parë.

LIBRAT DHE LETËRSIA

BIBLIOTHEK

Die Bibliothek hat viele Bücher.

BIBLIOTEKA

Biblioteka ka shumë libra.

FIKTION

Ich lese gerne Fiktion.

FIKSION

Më pëlqen të lexoj fiksion.

BIOGRAFIE

Ich lese eine Biografie.

BIOGRAFIA

Unë jam duke lexuar një biografi.

VERLAG

Der Verlag hat ein neues Buch veröffentlicht.

BOTUESI

Botuesi nxori një libër të ri.

ART

KUNST

GEMÄLDE	**PIKTURË**
Das Gemälde ist schön.	Piktura është e bukur.
SKULPTUR	**SKULPTURË**
Die Skulptur ist beeindruckend.	Skulptura është mbresëlënëse.

KUNST

ZEICHNUNG

Die Zeichnung ist detailliert.

VIZATIM

Vizatimi është i detajuar.

MUSEUM

Das Museum hat viele Ausstellungen.

MUZE

Muzeu ka shumë ekspozita.

GALERIE

Die Galerie zeigt moderne Kunst.

GALERIA

Galeria ekspozon art modern.

AUSSTELLUNG

Die Ausstellung öffnet morgen.

EKSPOZITË

Ekspozita hapet nesër.

ART

FOTOGRAFIE

Das Foto ist in Schwarz-Weiß.

FOTOGRAFI

Fotografia është bardh e zi.

STATUE

Die Statue ist aus Marmor.

STATUJË

Statuja është prej mermeri.

LEINWAND

Der Künstler malte auf Leinwand.

KANAVACË

Artisti ka pikturuar në kanavacë.

GRAFFITI

Das Graffiti ist sehr künstlerisch.

GRAFIT

Grafiti është shumë artistik.

SHKENCA

WISSENSCHAFT

EXPERIMENT Wir haben ein wissenschaftliches Experiment durchgeführt.	**EKSPERIMENT** Ne bëmë një eksperiment shkencor.
MIKROSKOP Wir haben uns Zellen unter dem Mikroskop angesehen.	**MIKROSKOP** Ne pamë qelizat nën mikroskop.

WISSENSCHAFT

PHYSIK

Physik ist mein Lieblingsfach.

FIZIKA

Fizika është lënda ime e preferuar.

CHEMIE

Wir haben etwas über Elemente in der Chemie gelernt.

KIMI

Ne mësuam për elementët në kimi.

BIOLOGIE

Biologie untersucht lebende Organismen.

BIOLOGJI

Biologjia studion organizmat e gjallë.

ASTRONOMIE

Astronomie ist faszinierend.

ASTRONOMI

Astronomia është magjepsëse.

SHKENCA

GEOLOGIE

Geologie untersucht die Erde.

GJEOLOGJI

Gjeologjia studion Tokën.

BOTANIK

Botanik ist die Wissenschaft von den Pflanzen.

BOTANIKA

Botanika është studimi i bimëve.

ÖKOLOGIE

Ökologie konzentriert sich auf Ökosysteme.

EKOLOGJI

Ekologjia fokusohet në ekosistemet.

GENETIK

Genetik ist ein Zweig der Biologie.

GJENETIKË

Gjenetika është një degë e biologjisë.

MATEMATIKË

MATHEMATIK

ADDITION Addition ist einfach für sie.	**MBLEDHJE** Mbledhja është e lehtë për të.
SUBTRAKTION Subtraktion kann knifflig sein.	**ZBRITJE** Zbritja mund të jetë e ndërlikuar.

MATHEMATIK

MULTIPLIKATION

Er ist gut in Multiplikation.

SHUMËZIM

Ai është i mirë në shumëzim.

DIVISION

Division ist eine grundlegende mathematische Operation.

PJESËTIM

Pjesëtimi është një operacion bazë matematikor.

BRUCH

Wir lernen Brüche in Mathematik.

FRAKSION

Ne po mësojmë fraksionet në matematikë.

GLEICHUNG

Die Gleichung ist schwer zu lösen.

EKUACION

Ekuacioni është i vështirë për t'u zgjidhur.

MATEMATIKË

GEOMETRIE

Geometrie beinhaltet
Formen und Winkel.

GJEOMETRI

Gjeometria përfshin forma
dhe kënde.

ALGEBRA

Algebra verwendet
Buchstaben und Symbole.

ALGJEBËR

Algjebra përdor shkronja
dhe simbole.

TRIGONOMETRIE

Trigonometrie befasst sich
mit Dreiecken.

TRIGONOMETRIA

Trigonometria merret me
trekëndësha.

STATISTIK

Statistik wird in vielen
Bereichen verwendet.

STATISTIKË

Statistika përdoret në
shumë fusha.

HISTORI

GESCHICHTE

KRIEG	LUFTË
Der Krieg dauerte fünf Jahre.	Lufta zgjati pesë vjet.
REVOLUTION	**REVOLUCION**
Die Revolution veränderte das Land.	Revolucioni ndryshoi vendin.

GESCHICHTE

IMPERIUM

Das Römische Reich war riesig.

PERANDORI

Perandoria Romake ishte e gjerë.

KOLONISIERUNG

Die Kolonisierung betraf viele Regionen.

KOLONIZIMI

Kolonizimi ndikoi shumë rajone.

UNABHÄNGIGKEIT

Sie kämpften für die Unabhängigkeit.

PAVARËSIA

Ata luftuan për pavarësinë.

ANTIK

Sie studierten antike Zivilisationen.

I LASHTË

Ata studiuan civilizimet e lashta.

HISTORI

MITTELALTERLICH

Sie besuchten eine
mittelalterliche Burg.

MESJETAR

Ata vizituan një kështjellë
mesjetare.

MODERN

Sie leben in einem
modernen Haus.

MODERN

Ata jetojnë në një shtëpi
moderne.

RENAISSANCE

Die Renaissance war eine
Zeit kulturellen
Aufschwungs.

RILINDJA

Rilindja ishte një periudhë e
rilindjes kulturore.

VIKTORIANISCH

Sie restaurierten ein
viktorianisches Haus.

VIKTORIAN

Ata restauruan një shtëpi
viktoriane.

GJEOGRAFIA

GEOGRAPHIE

KONTINENT	KONTINENT
Afrika ist ein Kontinent.	Afrika është një kontinent.

LAND	SHTET
Frankreich ist ein wunderschönes Land.	Franca është një vend i bukur.

GEOGRAPHIE

STADT	**QYTET**
New York ist eine große Stadt.	New York është një qytet i madh.
DORF	**FSHAT**
Das Dorf ist sehr friedlich.	Fshati është shumë i qetë.
FLUSS	**LUMI**
Der Fluss fließt durch die Stadt.	Lumi kalon nëpër qytet.
BERG	**MALI**
Wir sind auf den Berg gewandert.	Ne u ngjitëm në mal.

GJEOGRAFIA

SEE

Der See ist sehr tief.

LIQENI

Liqeni është shumë i thellë.

INSEL

Wir haben ein Boot zur Insel genommen.

ISHULL

Ne morëm një varkë për në ishull.

WÜSTE

Die Wüste ist während des Tages sehr heiß.

SHKRETËTIRË

Shkretëtira është shumë e nxehtë gjatë ditës.

SCHLUCHT

Die Schlucht ist atemberaubend.

KANIONI

Kanioni është mahnitës.

POLITIKË

POLITIK

DEMOKRATIE	DEMOKRACI
Demokratie ermöglicht den Menschen zu wählen.	Demokracia u lejon njerëzve të votojnë.
REGIERUNG	QEVERI
Die Regierung hat neue Gesetze erlassen.	Qeveria bëri ligje të reja.

POLITIK

PRÄSIDENT

Der Präsident hielt eine Rede.

PRESIDENT

Presidenti mbajti një fjalim.

WAHL

Die Wahl ist nächsten Monat.

ZGJEDHJE

Zgjedhjet janë muajin e ardhshëm.

SENATOR

Der Senator besuchte unsere Stadt.

SENATOR

Senatori vizitoi qytetin tonë.

PARLAMENT

Das Parlament hat ein neues Gesetz verabschiedet.

PARLAMENT

Parlamenti miratoi një ligj të ri.

POLITIKË

KANDIDAT

Der Kandidat hielt eine Rede.

KANDIDAT

Kandidati mbajti një fjalim.

KAMPAGNE

Die Kampagne war erfolgreich.

FUSHATË

Fushata ishte e suksesshme.

POLITIK

Die neue Politik wurde umgesetzt.

POLITIKË

Politika e re u zbatua.

DIPLOMATIE

Diplomatie ist wichtig in den internationalen Beziehungen.

DIPLOMACI

Diplomacia është e rëndësishme në marrëdhëniet ndërkombëtare.

FEJA

RELIGION

KIRCHE Wir gehen sonntags in die Kirche.	**KISHA** Ne shkojmë në kishë të dielave.
MOSCHEE Wir besuchten gestern die Moschee.	**XHAMIA** Ne vizituam xhaminë dje.

RELIGION

TEMPEL

Der Tempel ist sehr friedlich.

TEMPULLI

Tempulli është shumë i qetë.

SYNAGOGE

Wir gingen zur Zeremonie in die Synagoge.

SINAGOGA

Ne shkuam në sinagogë për ceremoninë.

PRIESTER

Der Priester gab einen Segen.

PRIFTI

Prifti dha një bekim.

BIBEL

Ich lese jeden Tag die Bibel.

BIBLA

Unë e lexoj Biblën çdo ditë.

KORAN

Sie rezitieren täglich den Koran.

KURANI

Ata e recitojnë Kuranin çdo ditë.

VEDEN

Sie studieren die Veden.

VEDA

Ata studiojnë Vedat.

HYMNE

Wir sangen eine Hymne in der Kirche.

HIMNI

Ne kënduam një himn në kishë.

GEBET

Wir sagten ein Gebet für den Frieden.

LUTJA

Ne bëmë një lutje për paqe.

FESTIVALE

FESTE

KARNEVAL	KARNAVAL
Der Karneval ist sehr bunt.	Karnavali është shumë me ngjyra.

PARADE	PARADË
Die Parade war erstaunlich.	Parada ishte e mahnitshme.

FESTE

FEUERWERK

Wir haben die
Feuerwerksshow gesehen.

FISHEKZJARRE

Ne pamë shfaqjen e
fishekzjarrëve.

KONZERT

Das Konzert war
fantastisch.

KONCERT

Koncerti ishte fantastik.

TANZ

Sie führten einen
traditionellen Tanz auf.

VALLE

Ata kryen një valle
tradicionale.

FESTIVAL

Das Festival hat Spaß
gemacht.

FESTIVAL

Festivali ishte argëtues.

FESTIVALE

FESTMAHL

Das Festmahl war köstlich.

GOSTIA

Gostia ishte e shijshme.

FEIER

Die Feier dauerte die ganze Nacht.

FESTIM

Festimi zgjati gjithë natën.

MASKE

Sie trugen Masken auf dem Festival.

MASKË

Ata veshën maska në festival.

LATERNE

Die Laternen erleuchteten die Nacht.

LLAMBË

Llambat ndriçuan natën.

RRJETET SOCIALE

SOZIALE MEDIEN

BEITRAG

Ich mochte deinen Beitrag in den sozialen Medien.

POSTIM

Më pëlqeu postimi juaj në rrjetet sociale.

GEFÄLLT MIR

Sie hat viele "Gefällt mir" Angaben auf ihrem Beitrag bekommen.

PËLQEJ

Ajo mori shumë pëlqime në postimin e saj.

SOZIALE MEDIEN

TEILEN

Bitte teile diesen Beitrag.

NDAJ

Ju lutem ndani këtë postim.

KOMMENTAR

Ich habe einen Kommentar zu deinem Foto hinterlassen.

KOMENT

Unë lashë një koment në foton tënde.

FOLLOWER

Sie hat viele Follower.

NDJEKËS

Ajo ka shumë ndjekës.

FREUNDSCHAFTSANFRAGE

Ich habe dir eine Freundschaftsanfrage gesendet.

KËRKESË PËR MIQËSI

Të kam dërguar një kërkesë për miqësi.

RRJETET SOCIALE

PROFIL

Aktualisiere dein Profilbild.

PROFIL

Përditëso foton tënde të profilit.

TWEET

Er hat einen neuen Tweet gepostet.

CICËRIMË

Ai postoi një cicërimë të re.

BENACHRICHTIGUNG

Ich habe eine Benachrichtigung auf meinem Handy bekommen.

NJOFTIM

Mora një njoftim në telefonin tim.

FEED

Ich habe meinen Feed überprüft.

FLUKS

Kontrollova fluksin tim.

INTERNET

INTERNET

WEBSEITE	**UEBFAQE**
Die Webseite ist sehr informativ.	Uebfaqja është shumë informuese.
E-MAIL	**EMAIL**
Ich habe dir eine E-Mail geschickt.	Të dërgova një email.

INTERNET

BLOG

Ich schreibe einen Blog über Reisen.

BLOG

Unë shkruaj një blog për udhëtime.

FORUM

Ich bin einem Online-Forum beigetreten.

FORUM

U bashkova në një forum online.

SUCHE

Ich muss nach Informationen suchen.

KËRKIM

Më duhet të kërkoj informacione.

LINK

Klicken Sie auf den Link.

LIDHJE

Kliko në lidhjen.

INTERNET

HERUNTERLADEN

Ich muss die Datei herunterladen.

SHKARKIM

Më duhet të shkarkoj skedarin.

HOCHLADEN

Ich werde die Fotos hochladen.

NGARKIM

Unë do të ngarkoj fotot.

SEITE

Die Seite lädt langsam.

FAQE

Faqja po ngarkohet ngadalë.

NETZWERK

Das Netzwerk ist ausgefallen.

RRJET

Rrjeti është i padisponueshëm.

TELEFONI DHE KOMUNIKIMI

TELEFON UND KOMMUNIKATION

ANRUF Ich werde dich später anrufen.	**THIRRJE** Do të të telefonoj më vonë.
TEXTNACHRICHT Schick mir eine Textnachricht.	**MESAZH** Më dërgo një mesazh.

TELEFON UND KOMMUNIKATION

SPRACHNACHRICHT

Ich habe dir eine Sprachnachricht hinterlassen.

MESAZH ZANOR

Të lashë një mesazh zanor.

KLINGELN

Mein Telefon hat nicht geklingelt.

ZILJA

Telefoni im nuk ra.

KONTAKT

Ich habe meine Kontaktliste verloren.

KONTAKTI

Kam humbur listën e kontakteve.

SIGNAL

Das Signal ist hier schwach.

SINJALI

Sinjali është i dobët këtu.

TELEFONI DHE KOMUNIKIMI

NACHRICHT

Ich habe deine Nachricht erhalten.

MESAZHI

Mora mesazhin tënd.

CHAT

Lass uns chatten.

BISEDË

Le të bëjmë një bisedë.

VIDEOANRUF

Wir hatten einen Videoanruf.

TELEFONATË ME VIDEO

Bëmë një telefonatë me video.

EMPFÄNGER

Der Empfänger funktioniert nicht.

MARRËSI

Marrësi nuk po punon.

SITUATA EMERGJENTE

NOTFALLSITUATIONEN

KRANKENWAGEN	**AMBULANCA**
Rufen Sie sofort einen Krankenwagen.	Thirrni një ambulancë menjëherë.
FEUERWEHRMANN	**ZJARRFIKËS**
Der Feuerwehrmann rettete das Kind.	Zjarrfikësi shpëtoi fëmijën.

NOTFALLSITUATIONEN

POLIZEI

Die Polizei ist hier, um zu helfen.

POLICIA

Policia është këtu për të ndihmuar.

NOTFALL

Dies ist eine Notfallsituation.

EMERGJENCË

Kjo është një situatë e emergjençave.

UNFALL

Er hatte einen Autounfall.

AKSIDENT

Ai pati një aksident me makinë.

EVAKUIERUNG

Wir mussten das Gebäude evakuieren.

EVAKUIM

Ne duhej të evakuonim ndërtesën.

SITUATA EMERGJENTE

ERSTE HILFE

Ich brauche einen Erste-Hilfe-Kasten.

NDIHMA E PARË

Më duhet një kuti ndihmash të para.

SANITÄTER

Der Sanitäter kam schnell an.

PARAMEDIK

Paramediku mbërriti shpejt.

RETTUNG

Die Rettungsaktion war erfolgreich.

SHPËTIM

Operacioni i shpëtimit ishte i suksesshëm.

ALARM

Der Alarm ging los.

ALARM

Alarmi ra.

RESTORANTE

RESTAURANTS

SPEISEKARTE

Die Speisekarte hat viele Optionen.

MENU

Menuja ka shumë opsione.

KELLNER

Der Kellner war sehr freundlich.

KAMARIERE

Kamarieri ishte shumë miqësor.

RESTAURANTS

KOCH

Der Koch hat ein leckeres Essen zubereitet.

SHEF

Shefi përgatiti një vakt të shijshëm.

GERICHT

Das Gericht war sehr schmackhaft.

PJATË

Pjata ishte shumë e shijshme.

TRINKGELD

Wir haben dem Kellner ein Trinkgeld gegeben.

BAKSHISH

Ne lamë një bakshish për kamarierin.

TISCH

Wir haben einen Tisch für zwei reserviert.

TAVOLINË

Ne rezervuam një tavolinë për dy.

RESTORANTE

BESTELLUNG

Wir möchten jetzt bestellen.

POROSI

Ne do të dëshironim të porosisnim tani.

RECHNUNG

Können wir bitte die Rechnung haben?

FATURË

A mund të kemi faturën, ju lutem?

KÜCHE

Das Restaurant bietet italienische Küche an.

KUZHINË

Restoranti ofron kuzhinë italiane.

KOCH

Der Koch hat ein wunderbares Essen gekocht.

SHEF

Shefi gatuajti një vakt të mrekullueshëm.

HOTELE

HOTELS

RESERVIERUNG	**REZERVIMI**
Ich habe eine Reservierung im Hotel gemacht.	Bëra një rezervim në hotel.
REZEPTION	**RECEPSIONI**
Die Rezeption ist 24 Stunden geöffnet.	Recepsioni është i hapur 24 orë.

HOTELS

EINCHECKEN

Wir haben im Hotel eingecheckt.

CHECK-IN

Ne bëmë check-in në hotel.

ZIMMER

Unser Zimmer ist im zweiten Stock.

DHOMA

Dhomë jonë është në katin e dytë.

SUITE

Die Suite hat eine wunderschöne Aussicht.

SUITA

Suita ka një pamje të bukur.

FRÜHSTÜCK

Frühstück ist im Zimmerpreis inbegriffen.

MËNGJESI

Mëngjesi është përfshirë me dhomën.

HOTELE

LOBBY

Die Lobby ist sehr geräumig.

HOLLI

Holli është shumë i gjerë.

AUFZUG

Der Aufzug ist außer Betrieb.

ASHENSORI

Ashensori është jashtë funksionit.

SERVICE

Der Service war ausgezeichnet.

SHËRBIMI

Shërbimi ishte i shkëlqyer.

POOL

Der Hotelpool ist beheizt.

PISHINA

Pishina e hotelit është e ngrohtë.

BANKAR

BANKWESEN

KONTO Ich muss meinen Kontostand überprüfen.	**LLOGARI** Duhet të kontrolloj bilancin e llogarisë sime.
EINZAHLUNG Ich muss eine Einzahlung machen.	**DEPOZITË** Duhet të bëj një depozitë.

BANKWESEN

DARLEHEN

Ich habe einen Kredit beantragt.

KREDI

Aplikova për një kredi.

KREDIT

Ich habe eine gute Kreditwürdigkeit.

KREDIT

Kam një rezultat të mirë krediti.

ZINSEN

Ich habe Zinsen auf das Darlehen gezahlt.

INTERES

Pagova interes mbi kredinë.

ERSPARNISSE

Ich habe ein Sparkonto.

KURSIME

Kam një llogari kursimesh.

BANKAR

ABHEBUNG

Ich muss eine Abhebung machen.

TËRHEQJE

Duhet të bëj një tërheqje.

KONTOSTAND

Ich muss meinen Kontostand überprüfen.

BILANC

Duhet të kontrolloj bilancin e llogarisë sime.

INVESTITION

Ich habe in Aktien investiert.

INVESTIM

Bëra një investim në aksione.

ÜBERWEISUNG

Ich muss Geld überweisen.

TRANSFERIM

Më duhet të transferoj para.

PRONË E PALUAJTSHME

IMMOBILIEN

WOHNUNG

Ich wohne in einer Wohnung.

APARTAMENT

Unë jetoj në një apartament.

HAUS

Wir haben ein neues Haus gekauft.

SHTËPI

Ne blemë një shtëpi të re.

IMMOBILIEN

MIETE

Wir zahlen jeden Monat Miete.

QIRA

Ne paguajmë qira çdo muaj.

HYPOTHEK

Sie haben eine Hypothek auf ihr Haus.

HIPOTEKË

Ata kanë një hipotekë në shtëpinë e tyre.

EIGENTUM

Sie besitzen viel Eigentum.

PRONË

Ata kanë shumë pronë.

MIETVERTRAG

Wir haben einen Mietvertrag für die Wohnung unterschrieben.

QIRADHËNIE

Ne firmosëm një qiradhënie për apartamentin.

PRONË E PALUAJTSHME

MAKLER

Der Immobilienmakler war sehr hilfsbereit.

AGJENT

Agjenti i pasurive të paluajtshme ishte shumë i dobishëm.

VERMIETER

Unser Vermieter ist sehr nett.

PRONARI

Pronari jonë është shumë i mirë.

MIETER

Der Mieter zahlt die Miete pünktlich.

QIRAMARRËS

Qiramarrësi paguan qiranë në kohë.

MAKLER

Der Makler hat mir gute Ratschläge gegeben.

NDËRMJETËS

Ndërmjetësi më dha këshilla të mira.

KUSHTET LIGJORE

RECHTLICHE BEGRIFFE

ANWALT	AVOKAT
Der Anwalt gab mir guten Rat.	Avokati më dha këshilla të mira.

VERTRAG	KONTRATË
Ich habe den Vertrag unterschrieben.	Unë nënshkrova kontratën.

RECHTLICHE BEGRIFFE

RICHTER

Der Richter traf eine Entscheidung.

GJYKATËS

Gjykatësi mori një vendim.

GERICHT

Das Gericht ist in Sitzung.

GJYKATË

Gjykata është në seancë.

ZEUGE

Der Zeuge sagte vor Gericht aus.

DËSHMITAR

Dëshmitari dëshmoi në gjykatë.

VERBRECHEN

Verbrechen ist ein ernstes Problem.

KRIM

Krimi është një problem serioz.

KUSHTET LIGJORE

GESETZ

Das Gesetz muss befolgt werden.

LIGJ

Ligji duhet ndjekur.

RECHTSANWALT

Der Rechtsanwalt vertrat den Mandanten.

AVOKAT MBROJTËS

Avokati mbrojtës përfaqësoi klientin.

ANGEKLAGTER

Der Angeklagte plädierte auf nicht schuldig.

I AKUZUARI

I akuzuari u deklarua i pafajshëm.

URTEIL

Das Urteil wurde verkündet.

VENDIM

Vendimi u shpall.

TERMAT MJEKËSORE

MEDIZINISCHE BEGRIFFE

OPERATION	KIRURGJIA
Die Operation war erfolgreich.	Kirurgjia ishte e suksesshme.

REZEPT	RECETA
Der Arzt gab mir ein Rezept.	Mjeku më dha një recetë.

MEDIZINISCHE BEGRIFFE

DIAGNOSE

Die Diagnose war schnell.

DIAGNOZA

Diagnoza ishte e shpejtë.

BEHANDLUNG

Die Behandlung wirkt.

TRAJTIMI

Trajtimi po funksionon.

IMPFSTOFF

Der Impfstoff ist sicher.

VAKSINA

Vaksina është e sigurt.

ALLERGIE

Sie hat eine Allergie gegen Nüsse.

ALERGJIA

Ajo ka një alergji ndaj arrave.

TERMAT MJEKËSORE

SYMPTOM

Er hatte grippeähnliche Symptome.

SIMPTOMA

Ai kishte simptoma të ngjashme me gripin.

OPERATION

Die Operation war ein Erfolg.

OPERACIONI

Operacioni ishte një sukses.

PATIENT

Der Patient erholt sich.

PACIENTI

Pacienti po shërohet.

KONSULTATION

Ich habe eine Konsultation mit dem Arzt.

KONSULTIM

Kam një konsultim me mjekun.

MJEDISI

UMWELT

VERSCHMUTZUNG Verschmutzung ist ein großes Problem.	**NDOTJA** Ndotja është një problem i madh.
RECYCLING Recycling hilft der Umwelt.	**RICIKLIMI** Riciklimi ndihmon mjedisin.

KLIMA

Das Klima verändert sich.

KLIMA

Klima po ndryshon.

ABHOLZUNG

Abholzung betrifft die Tierwelt.

SHPYLLËZIMI

Shpyllëzimi ndikon tek fauna e egër.

OZON

Die Ozonschicht schützt uns.

OZONI

Shtresa e ozonit na mbron.

ERNEUERBAR

Erneuerbare Energie ist wichtig.

E RIPËRTËRITSHME

Energjia e ripërtëritshme është e rëndësishme.

MJEDISI

ÖKOSYSTEM

Das Ökosystem ist vielfältig.

EKOSISTEMI

Ekosistemi është i larmishëm.

LEBENSRAUM

Der Lebensraum wird zerstört.

HABITAT

Habitatit po i shkatërrohet.

BIODIVERSITÄT

Biodiversität ist entscheidend.

BIODIVERSITETI

Biodiversiteti është jetësor.

NATURSCHUTZ

Naturschutzbemühungen sind notwendig.

RUAJTJA

Përpjekjet për ruajtje janë të nevojshme.

HAPËSIRA

RAUM

STERN	**YLL**
Der Stern ist sehr hell.	Ylli është shumë i ndritshëm.
PLANET	**PLANET**
Die Erde ist ein Planet.	Toka është një planet.

RAUM

GALAXIE

Wir leben in der Milchstraße Galaxie.

GALAKTIKË

Ne jetojmë në galaktikën Rruga e Qumështit.

ASTEROID

Ein Asteroid flog an der Erde vorbei.

ASTEROID

Një asteroid kaloi pranë Tokës.

SCHWARZES LOCH

Ein schwarzes Loch ist mysteriös.

VRIMA E ZEZË

Një vrimë e zezë është misterioze.

RAUMSTATION

Die Raumstation umkreist die Erde.

STACIONI HAPËSINOR

Stacioni hapësinor rrotullohet rreth Tokës.

HAPËSIRA

SATELLIT

Der Satellit sendet Signale.

SATELIT

Sateliti dërgon sinjale.

KOSMOS

Der Kosmos ist riesig.

KOZMOS

Kozmosi është i gjerë.

KOMET

Wir sahen letzte Nacht einen Kometen.

KOMETA

Pamë një kometë mbrëmë.

RAKETE

Die Rakete startete erfolgreich.

RAKETA

Raketa u lëshua me sukses.

EMOCIONET DHE NDJENJAT

GEFÜHLE UND EMOTIONEN

GLÜCK

Glück ist wichtig.

LUMTURI

Lumturia është e rëndësishme.

TRAURIGKEIT

Traurigkeit ist eine natürliche Emotion.

TRISHTIM

Trishtimi është një emocion natyral.

GEFÜHLE UND EMOTIONEN

WUT

Wut kann schwer zu kontrollieren sein.

ZEMËRIM

Zemërimi mund të jetë i vështirë për të kontrolluar.

ANGST

Angst kann überwältigend sein.

FRIKË

Frika mund të jetë dërrmuese.

LIEBE

Liebe ist ein starkes Gefühl.

DASHURI

Dashuria është një ndjenjë e fuqishme.

ÜBERRASCHUNG

Das Geschenk war eine Überraschung.

BEFASI

Dhuroi ishte një befasi.

EMOCIONET DHE NDJENJAT

AUFREGUNG

Die Kinder waren voller Aufregung.

EKSITIM

Fëmijët ishin plot eksitim.

EIFERSUCHT

Eifersucht kann Beziehungen ruinieren.

XHELOZI

Xhelozia mund të prishë marrëdhëniet.

STOLZ

Sie fühlte Stolz auf ihre Arbeit.

KRENARI

Ajo ndjeu krenari në punën e saj.

DANKBARKEIT

Er drückte seine Dankbarkeit aus.

MIRËNJOHJE

Ai shprehu mirënjohjen e tij.

DANKE

Wir hoffen, dass dieses Buch eine wertvolle Ressource auf Ihrem Weg zum Erlernen einer neuen Sprache war. Ihr Engagement, Ihre sprachlichen Fähigkeiten zu erweitern, ist lobenswert und wir fühlen uns geehrt, Teil Ihrer Lernerfahrung gewesen zu sein. Wir glauben, dass das Erlernen einer Sprache Türen zu neuen Kulturen, Möglichkeiten und Freundschaften öffnet, und wir freuen uns, dass Sie diesen Schritt mit uns gegangen sind.

Wir würden gerne von Ihren Fortschritten und Erfahrungen mit diesem Buch hören. Ihr Feedback ist von unschätzbarem Wert und hilft uns, uns weiter zu verbessern und qualitativ hochwertige Ressourcen für Sprachlerner wie Sie bereitzustellen. Bitte hinterlassen Sie online eine Bewertung oder kontaktieren Sie uns mit Ihren Gedanken und Vorschlägen.

Nochmals vielen Dank für Ihre Unterstützung und Ihr Engagement. Wir wünschen Ihnen weiterhin viel Erfolg und Freude auf Ihrem Weg zum Sprachenlernen.

www.ingramcontent.com/pod-product-compliance
Lightning Source LLC
Chambersburg PA
CBHW011835020426
42335CB00022B/2830